Il mio primo libro della casa

© 2018 Miles Kelly Publishing Ltd

© 2020 by DoReMi per l'edizione italiana

DoReMi è un marchio EDICART Style

Via Jucker, 28 - Legnano (MI) - Italia

Titolo originale: At Home!

Illustrazioni di *Zoe Waring*

Traduzione dall'inglese di Silvia Lualdi

Tutti i diritti sono riservati - Stampato in Ucraina

www.edicart.it

Il mio primo libro della casa

DoReMi

Cucina

È la stanza dove si preparano i cibi.

macchina
del caffè

fornello

cestino per
raccolta
differenziata

Mescolo gli ingredienti per fare una torta.
orologio
impastatrice
credenza

In cucina ci sono gli elettrodomestici.

tostapane

lavastoviglie

microonde

bollitore

Sala da pranzo

Qui si consumano i pasti, colazione, pranzo e cena.

teiera

ciotola per la frutta

seggiolone

sedia

lampadario
Faccio colazione con latte e cereali!
tazza
tovaglietta
tavola

I pasti sono serviti nei piatti o nelle ciotole. Le bevande in tazze e bicchieri.

macinasale e macinapepe

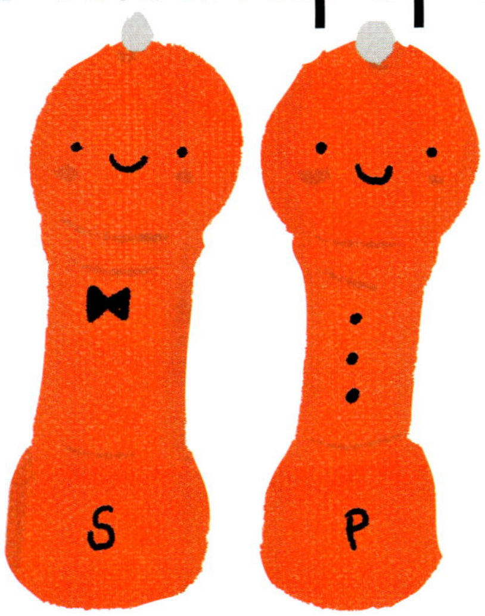

tazza

piattino

cucchiaino

brocca

bicchiere

scodella

forchetta coltello cucchiaio

posate

piatto

Cosa
c'è sulla
credenza?

credenza

Soggiorno

Questa stanza è calda e accogliente. Puoi leggere un libro o rilassarti sul divano.

quadro

vaso

soprammobile

camino

cactus

Il computer portatile può aiutarti a fare i compiti! Dopo è il momento per guardare la TV.

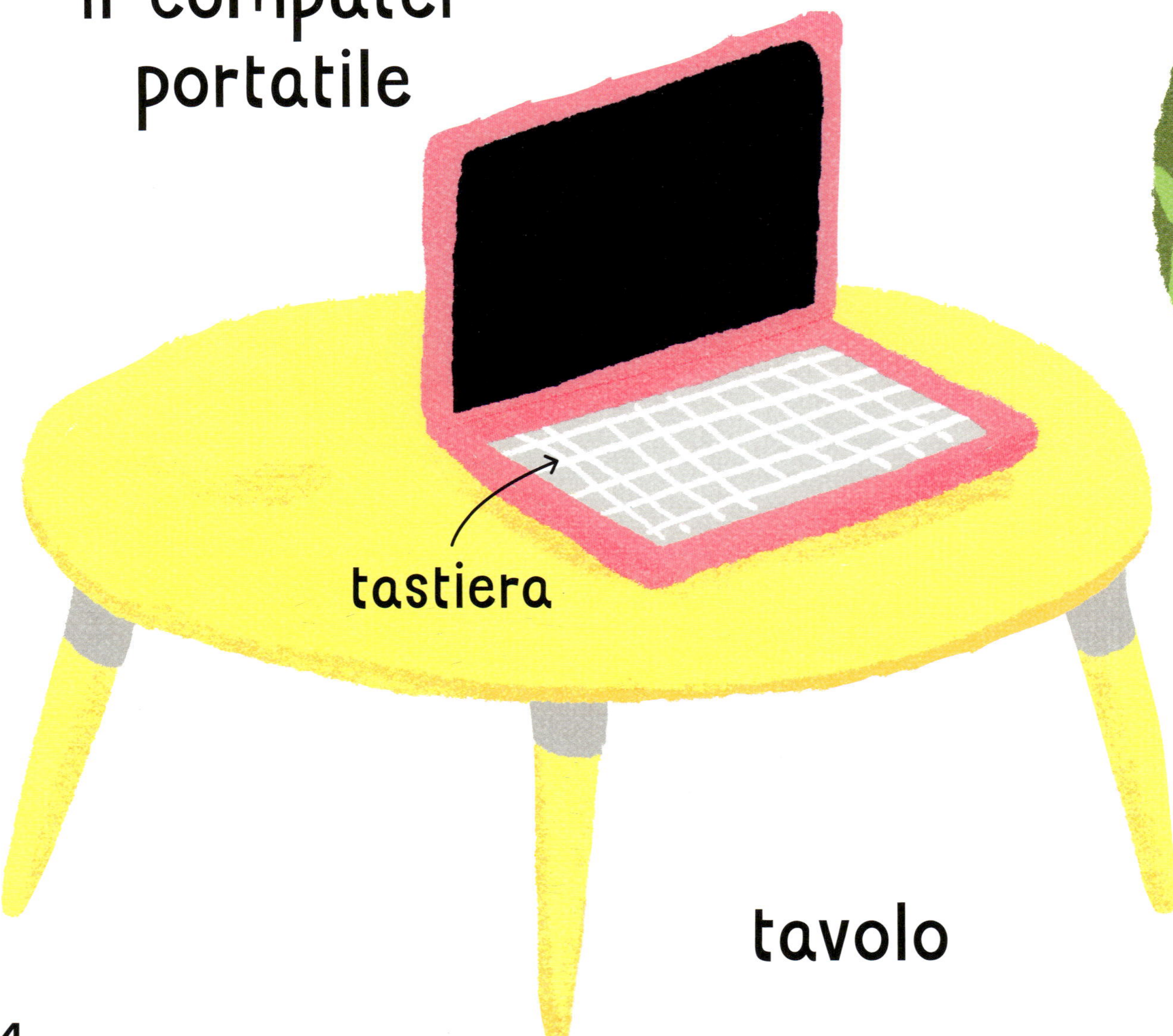

televisore
mobile porta TV
console da videogioco
Cosa ti piace guardare in televisione?
telecomando

Lavanderia

Laviamo i vestiti. Una volta asciutti, la stiratura rimuove le pieghe.

Cerca & trova un calzino rosso!

detersivo

lavatrice

ammorbidente

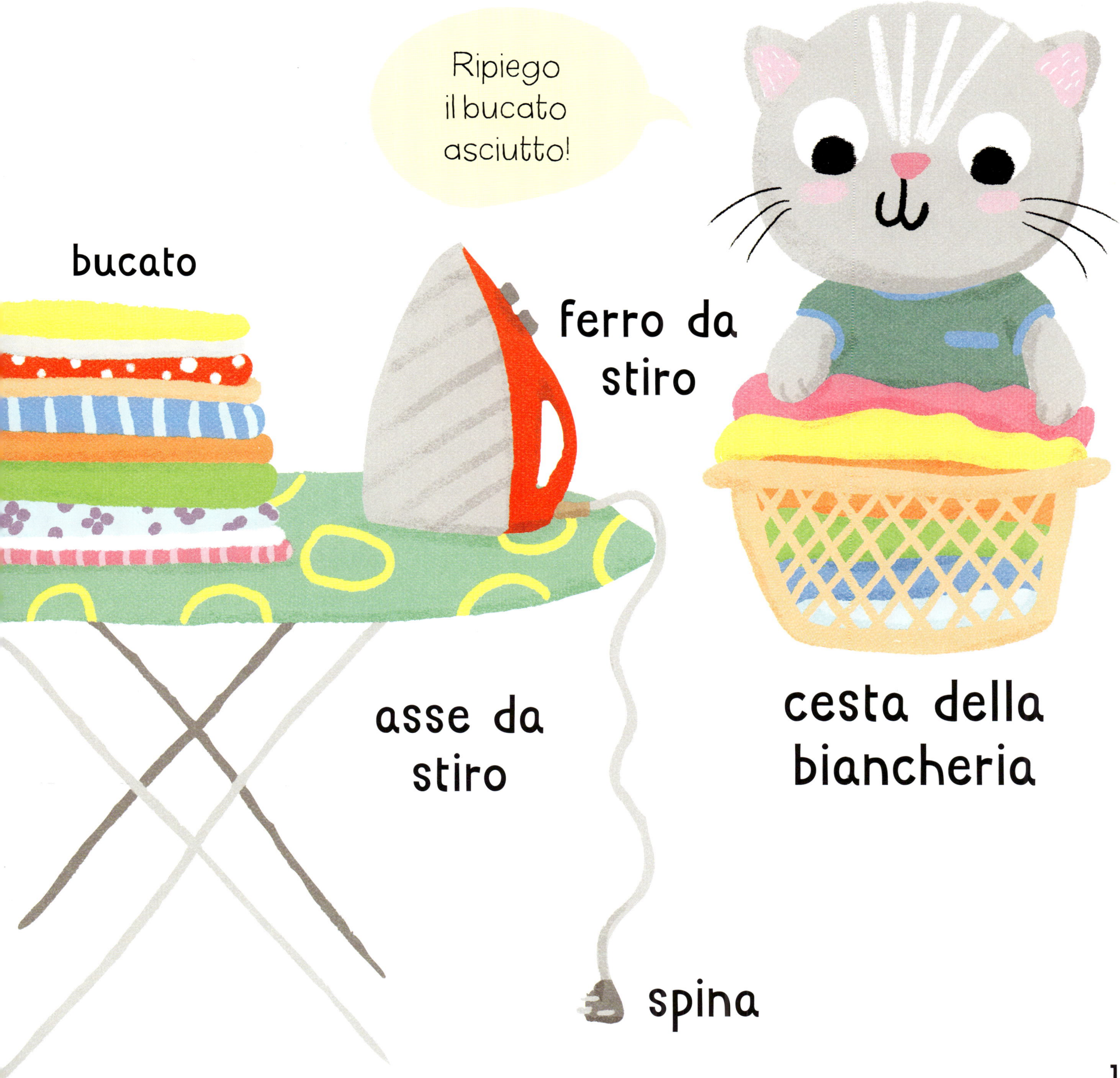
Ripiego
il bucato
asciutto!
bucato
ferro da
stiro
asse da
stiro
cesta della
biancheria
spina

Tutti possono aiutare a mantenere la casa pulita e in ordine.

paletta
e scopino
guanti di
gomma
spolverino
Ora spolvero per
bene i mobili!
spugna
spray
detergente

Stanza dei giochi

È divertente condividere i giocattoli con gli amici!

cavallo a dondolo

costruzioni

Quante carrozze sta trainando il trenino?

bilie

tenda

È divertente fare un disegno e poi colorarlo!

cavalletto
disegno
mappa del mondo
Dipingo la mia casetta!
pennello
libro di fiabe
colori a tempera
libro illustrato

Bagno

Fare il bagno prima di andare a nanna è divertente!

bagnoschiuma

shampoo

spugna

asciugamano

doccino
Sguazzo nella schiuma!
paperella
rubinetto
vasca da bagno

Lavati i denti due volte al giorno
e lava sempre le mani dopo
essere andato in bagno.

rubinetto

porta spazzolino
da denti

saponetta

spazzolino

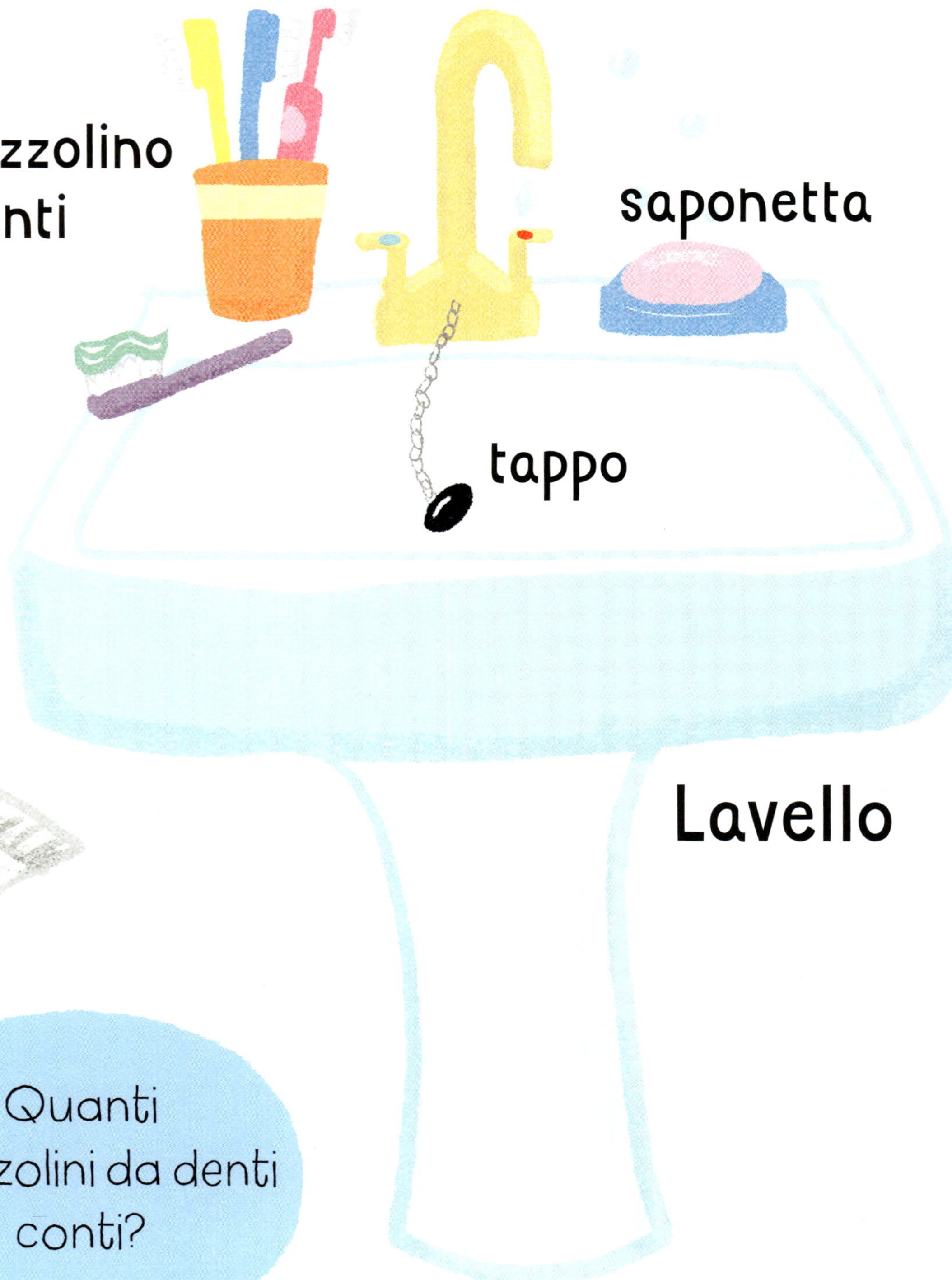

tappo

dentifricio

Lavello

Quanti
spazzolini da denti
conti?

tazza del water

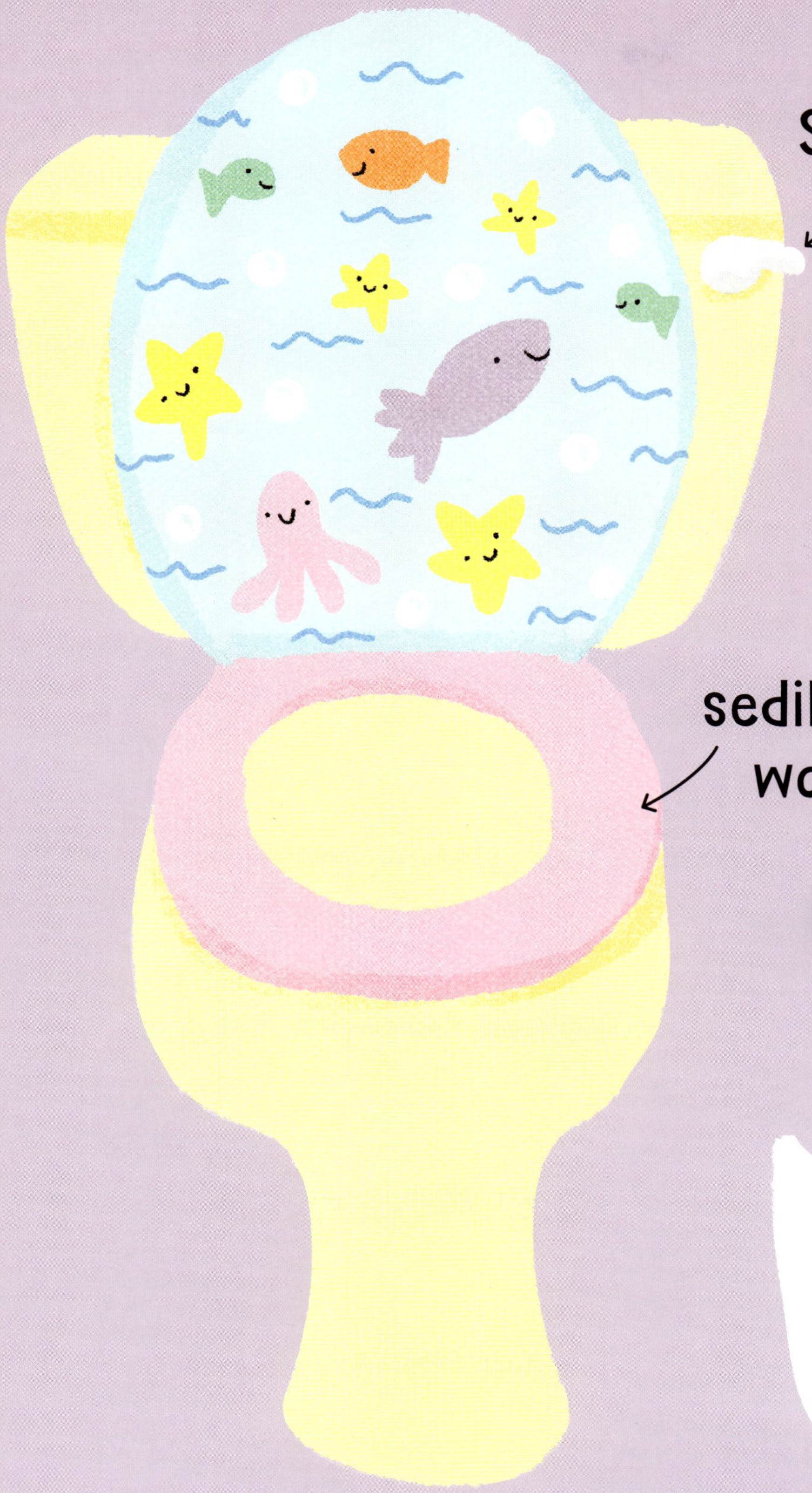

spazzola per i capelli

Rotolo di carta igienica

Cameretta

Nella tua cameretta dormi e tieni i tuoi vestiti e i giocattoli.

Cosa sogni di notte?

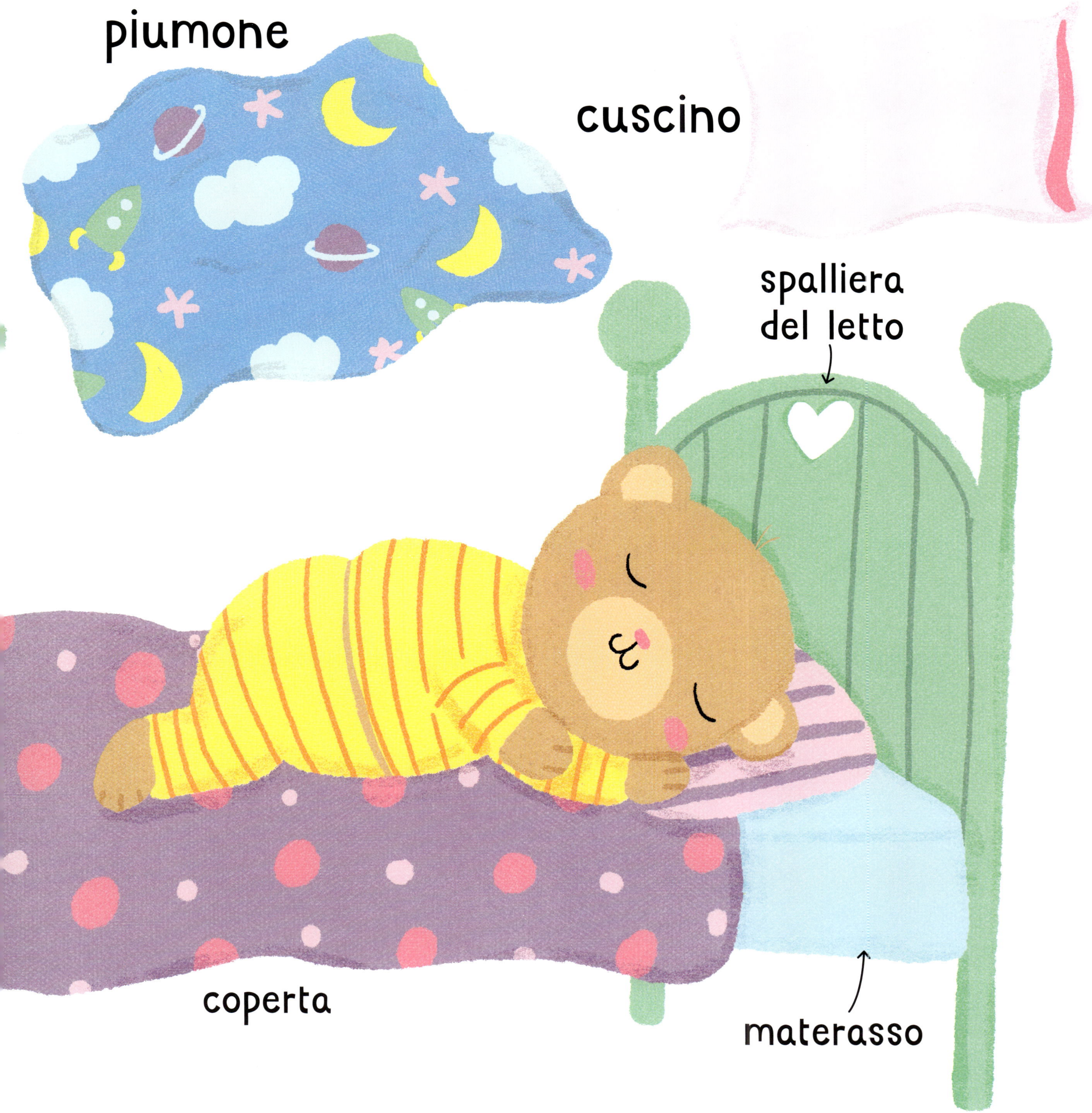
piumone
cuscino
spalliera del letto
coperta
materasso

Qual è il tuo libro preferito?

libri

lampada

quadro

mensola

mappamondo

cassetti

scatola dei giocattoli

finestra
appendiabiti
tenda
abiti
armadio
vestitino
calzini
scarpe

Giardino

Il bucato può essere steso ad asciugare anche in giardino.

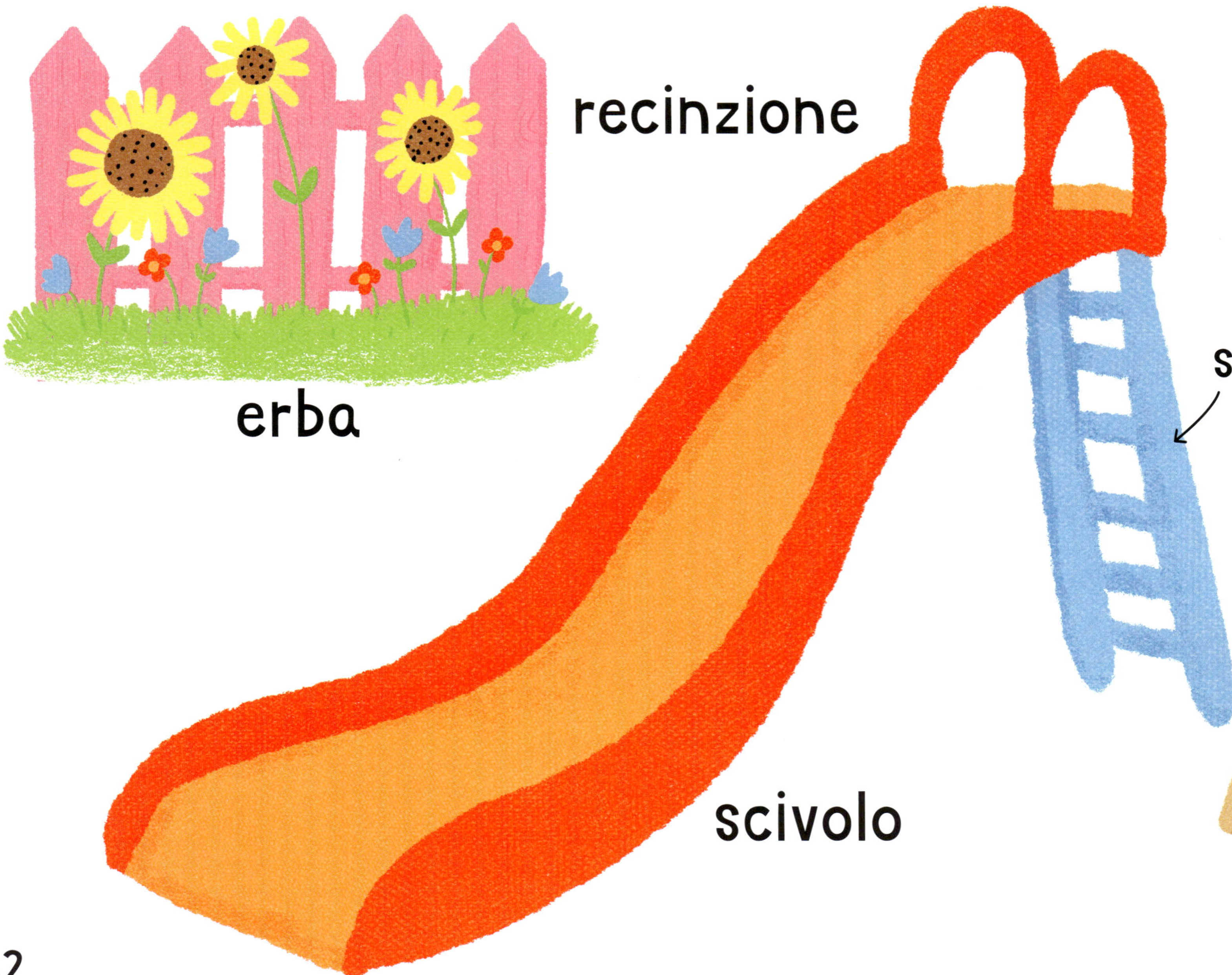

bucato
molletta
mutande
calzino
t-shirt
Quali giochi ti piace fare all'aperto?
jeans
tappeto elastico
lettino prendisole

Anche il giardino deve essere tenuto pulito e ordinato.

vanga

pianta sospesa

annaffiatoio

Attrezzi da giardino

vaso di fiori

guanti da giardinaggio

tosaerba

Garage

Nel garage vengono parcheggiate l'auto, la motocicletta e anche la bicicletta!

automobile

motocicletta

bicicletta

Gli utensili sono usati per riparare e creare gli oggetti.

chiodi
banco di lavoro
sega
scala
morsa
martello
cassetta degli attrezzi

L'esterno della mia casa

La tua casetta è bella anche vista da fuori!

tetto
comignolo
albero
persiana
serra
porta d'ingresso
3
muro
panchina
prato
gradino

Com'è la tua casa?

Viviamo in diversi tipi di case. Tra quelle in questa pagina c'è anche la tua?

casa di campagna

casa di legno

bungalow

casa di città

Appartamenti in condominio

La tua casa assomiglia forse a una di queste?

faro

igloo

Mi piace abitare in luoghi freddi!

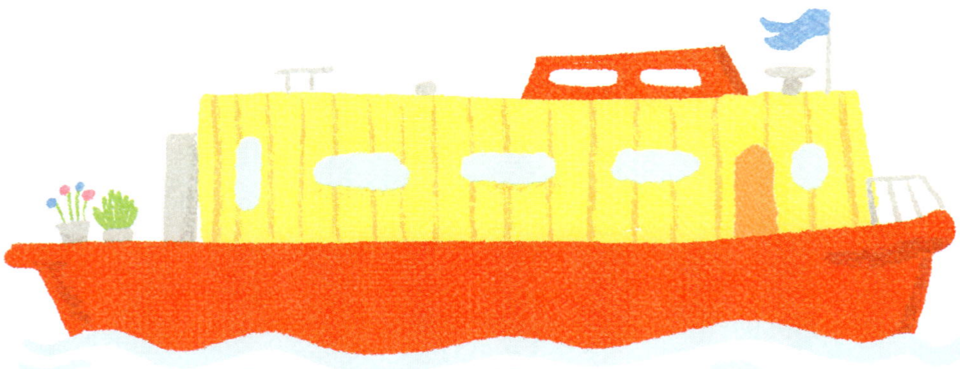

casa galleggiante

camper

castello

casa sull'albero

roulotte

casa prefabbricata

Numeri

1 uno

2 due

3 tre

4 quattro

5 cinque

6 sei

7 sette

8 otto

9 nove

10 dieci

11 undici 

12 dodici 

13 tredici 

14 quattordici 

15 quindici 

16 sedici 

17 diciassette 

18 diciotto 

19 diciannove 

20 venti 

I colori

giallo
orologio
viola
teiera
grigio
lavatrice
verde
lampada
marrone
casa
rosa
ciotola
arancione libro
nero
vasca da bagno
bianco
frigorifero
blu
aspirapolvere
rosso
bollitore